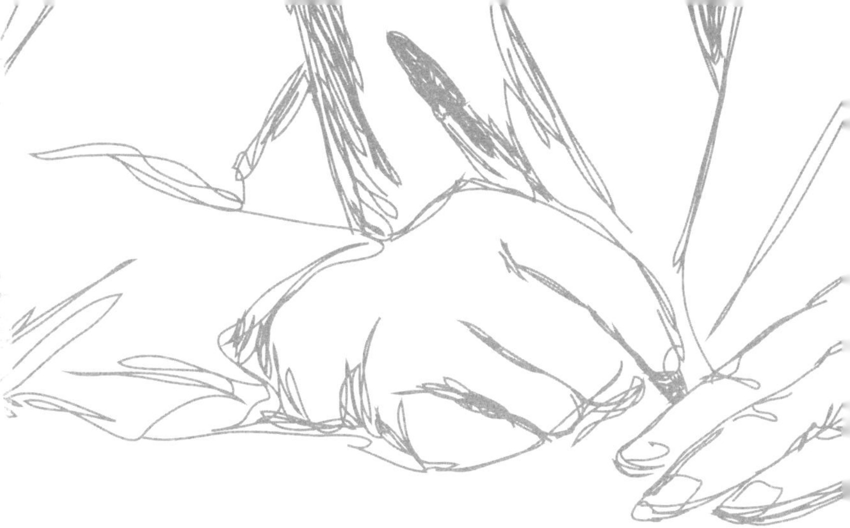

PACIÊNCIA

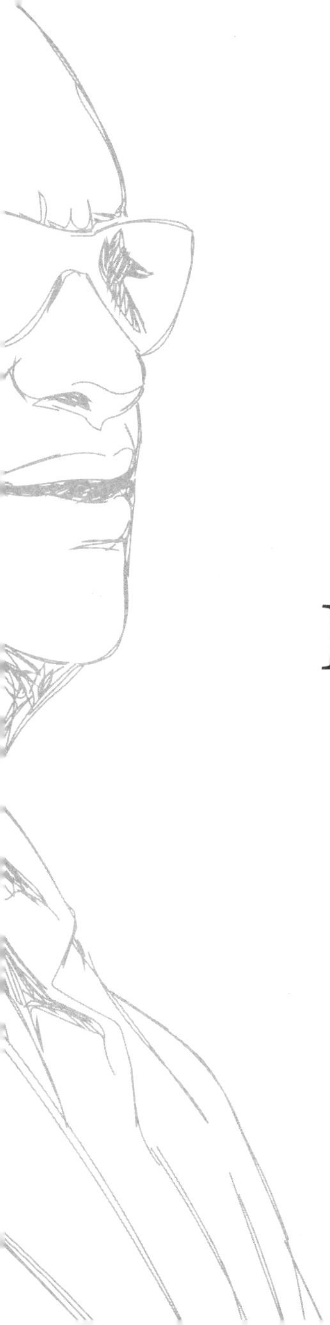

Chico Xavier

PELO ESPÍRITO

EMMANUEL

PACIÊNCIA

CEU

FEB

Copyright © 2014 *by*
FEDERAÇÃO ESPÍRITA BRASILEIRA – FEB

Direitos licenciados pelo Centro Espírita União à Federação Espírita Brasileira
CENTRO ESPÍRITA UNIÃO – CEU
Rua dos Democratas, 527 – Jabaquara
CEP 04305-000 – São Paulo (SP) – Brasil

1ª edição – 11ª impressão – 1 mil exemplares – 10/2024

ISBN 978-85-9466-178-4

Todos os direitos reservados. Nenhuma parte desta publicação pode ser reproduzida, armazenada ou transmitida, total ou parcialmente, por quaisquer métodos ou processos, sem autorização do detentor do *copyright*.

FEDERAÇÃO ESPÍRITA BRASILEIRA – FEB
SGAN 603 – Conjunto F – Avenida L2 Norte
70830-106 – Brasília (DF) – Brasil
www.febeditora.com.br
editorial@febnet.org.br
+55 61 2101 6161

MISTO
Papel | Apoiando o manejo florestal responsável
FSC® C112836

Pedidos de livros à FEB
Comercial
Tel.: (61) 2101 6161 – comercial@febnet.org.br

Adquirindo esta obra, você está colaborando com as ações de assistência e promoção social da FEB e com o Movimento Espírita na divulgação do Evangelho de Jesus à luz do Espiritismo.

Dados Internacionais de Catalogação na Publicação (CIP)
(Federação Espírita Brasileira – Biblioteca de Obras Raras)

E54p   Emmanuel (Espírito)

          Paciência / pelo Espírito Emmanuel; [psicografado por] Francisco Cândido Xavier. – 1. ed. – 11. imp. – Brasília: FEB; São Paulo: CEU, 2024.

          72 p.: 17,5 cm

          ISBN 978-85-9466-178-4

          1. Espiritismo. 2. Obras psicografadas. I. Xavier, Francisco Cândido, 1910-2002. II. Federação Espírita Brasileira. III. Título.

                                           CDD 133.93
                                           CDU 133.7
                                           CDE 80.03.00

Sumário

Paciência... 7

CAPÍTULO 1
Liderança 9

CAPÍTULO 2
Serve e caminha 13

CAPÍTULO 3
Riscos e deveres 17

CAPÍTULO 4
Impaciência 20

CAPÍTULO 5
A crise acontece................................... 23

CAPÍTULO 6
Oportunidades 26

CAPÍTULO 7
Caridade do pensamento......................... 30

CAPÍTULO 8
Suicídio e delinquência 33

CAPÍTULO 9
Face trancada...................................... 35

CAPÍTULO 10
Tolerância mútua 38

CAPÍTULO 11
Indicações da paz 41

CAPÍTULO 12
Caridade e migalha 45

CAPÍTULO 13
Oração por entendimento 48

CAPÍTULO 14
Aqueles 50

CAPÍTULO 15
Conquistando a paz 53

CAPÍTULO 16
Segue em paz 56

CAPÍTULO 17
Para melhorar 59

CAPÍTULO 18
No instante difícil 62

CAPÍTULO 19
Perante Deus 65

CAPÍTULO 20
Ato de louvor 67

Paciência

As razões deste livro singelo?

*

Amigo leitor, fixemos em torno de nós as múltiplas minudências que nos formam, na atualidade do mundo, os quadros do cotidiano terrestre e lhe encontraremos, de imediato, a maioria das motivações.

*

Desafios. Perturbações. Antagonismos. Rebeldias. Inquietações. Provas. Desencantos. Tribulações. Dificuldades. Exigências. Preterições. Problemas. Prejuízos. Infortúnios. Desilusões. Quedas. Desastres. Rixas. Deserções. Azedumes. Incompreensões. Desacordos. Irritações. Golpes. Leviandades. Tempestades

Chico Xavier
PELO ESPÍRITO EMMANUEL

do sentimento. Frustrações. Desvinculações violentas. Desvarios.

*

Seguidores do Cristo que somos e conscientes de que o Senhor nos oferece sempre o melhor, é natural que as nossas páginas despretensiosas, neste livro pequeno e simples, recebam o nome de PACIÊNCIA.

EMMANUEL
UBERABA (MG), 8 DE JANEIRO DE 1983.

CAPÍTULO 1
Liderança

Não raro, ouvimos respeitáveis representantes das comunidades terrestres, reclamando líderes capazes de conduzi-las à concórdia e ao progresso, sem ódio e destruição.

Justo, no entanto, não esquecer que a Terra conhece o Líder de todos os líderes humanos, habilitados a guiar a coletividade para o Reino do Bem.

Importante refletir que Ele transportava consigo a própria grandeza sem mostrar consciência disso.

Não colheu da vida mais que o necessário à própria sustentação.

Chico Xavier
PELO ESPÍRITO EMMANUEL

Associou-se a companheiros tão pobres e tão anônimos quanto Ele o era no início da revelação de que se fazia mensageiro, a fim de realizar o apostolado que trazia.

Aconselhou o respeito aos condutores do poder humano mas nunca indicou a desordem e a crueldade para a solução dos problemas do mundo.

Conviveu com a multidão, compadecendo-se de suas aflições e necessidades.

Chamava a si os pequeninos, de modo a ouvi-los atentamente.

Amou aos enfermos, aliviando-lhes as enfermidades, com a força do amor, nascida na oração.

Amparou aos irmãos obsessos e dialogou com os desencarnados sofredores, endereçando-lhes expressões de esclarecimento e reconforto.

Alimentou os famintos, antes de ministrar-lhes a verdade.

Ensinou o perdão e a tolerância.

Não possuía ouro nem prata que lhe garantisse a influência.

PACIÊNCIA
LIDERANÇA

Acusado sem culpa, aceitou agravos e injúrias, sem defender-se.

Executado por alguns de seus contemporâneos que se lhe faziam adversários gratuitos, portou-se com humildade e grandeza de espírito, rogando a benevolência dos Céus para os seus próprios inimigos.

Entretanto, desde que desapareceu do cenário dos homens, passou a viver mais intensamente na Terra, conquistando corações para a sua causa.

Em quase vinte séculos, famosos condutores de povos foram esquecidos.

No entanto a influência do Líder dos líderes do mundo, sem ameaças e sem armas, cresce com os dias.

*

Quem estiver procurando liderança na Terra, saiba que ele, Jesus Cristo, até hoje tem o nome de Senhor Jesus e, no limiar do terceiro milênio dos tempos novos, temo-lo sempre por esperança das criaturas e luz das nações.

***

Chico Xavier
PELO ESPÍRITO EMMANUEL

Nas horas atormentadas da vida, age com paciência e tolerância.

Deus nos sustente de pé, aguardando a nossa cooperação destinada a reerguer os irmãos caídos.

CAPÍTULO 2

Serve e caminha

Tempo é doação da Providência Divina.
Tempo, no entanto, para quê? Indagarão muitos.

Ocasião para agir e servir, aprender e caminhar para a frente, fazendo o melhor.

*

Realmente possuímos a valorosa legião dos companheiros que avançam dificilmente pelas escarpas do trabalho, sob fardos de obrigações que carregam com alegria, entretanto, ao nosso lado, temos uma legião muito vasta — a dos companheiros expectantes.

Traçam planos de elevação.

Chico Xavier
PELO ESPÍRITO EMMANUEL

Querem levantar grandes instituições de benemerência.

Criam sugestões renovadoras para as realizações em andamento, sem se voltarem para os setores da ação.

Confessam a realidade de certos fenômenos com que foram defrontados, como que a convidá-los para o exercício do bem.

Relacionam casos familiares que lhes pareceram graves advertências.

Descrevem sonhos admiráveis com que foram favorecidos.

Comentam as relações sociais de que dispõem, junto das quais recolheram avisos e ensinamentos.

No entanto, em seguida a semelhantes alegações, mostram-se desarvorados e indecisos, esquecendo-se de que é indispensável se desloquem na direção das atividades das quais se ergue o bem aos outros, a fim de que os outros lhes forneçam auxílio no momento oportuno.

*

PACIÊNCIA
SERVE E CAMINHA

Quem se encontre imóvel no tempo, recorde que o tempo não para, nem retrocede.

*

Não hesites.

Inicia a jornada do serviço ao próximo, onde estiveres.

*

Faze algo.

Desfaze-te de algum pertence de que mais te utilizas, a benefício de alguém com necessidades maiores do que as tuas.

Alivia os obstáculos em que algum enfermo se encontre.

Age em favor de alguma criança sem proteção.

Estende, pelo menos, essa ou aquela migalha de apoio às mães desvalidas.

Afirma-nos o Evangelho que a fé sem obras é morta.

Sonha e mentaliza, mas serve e caminha.

***

Em qualquer crise de existência, conserve a calma construtiva, uma vez que os nossos

Chico Xavier
PELO ESPÍRITO EMMANUEL

estados mentais são contagiosos e, asserenando os outros, estaremos especialmente agindo em auxílio a nós.

CAPÍTULO 3
Riscos e deveres

Há quem diga que na Terra jamais surgiram tantas ocasiões para deslizes e quedas espirituais quanto hoje, ante o progresso científico que parece empalidecer as conquistas do sentimento.

*

Conquanto várias épocas do passado humano hajam apresentado igualmente ‎terísticas de transição, digamos

semelhante tópico, em torno
ara considerar com os amigos
Plano Físico que se o mundo
luros tempos de crises e riscos

Chico Xavier
PELO ESPÍRITO EMMANUEL

para a alma, estes são também tempos para os mais belos testemunhos de compreensão e de amor.

Ocasiões para dádivas maiores de paciência e devotamento, perdão e espírito de serviço.

*

Alguns companheiros terão aderido à aventura e ao desequilíbrio.

A tentação de acompanhá-los talvez te visite o pensamento, mas em verdade, terá soado o instante de oração, no qual decerto precisarás recorrer à própria fé, para que permaneças fiel aos compromissos assumidos.

*

É provável tenhas visto familiares queridos abraçando episódios infelizes e, possivelmente, em alguma circunstância, terás desejado arredá-los de vez do próprio coração, no entanto, estarás no ensejo bendito de amá-los ainda mais, esperando que a renovação os alcance reconduzindo-os ao caminho justo.

*

PACIÊNCIA
RISCOS E DEVERES

Salientamos a expansão do pessimismo e do desespero, entretanto, é razoável indagar de nós mesmos qual é a nossa contribuição para que semelhantes calamidades se façam extintas.

*

Compreensível a nossa perplexidade diante de certas manifestações de violência nas paisagens sociais da vida moderna, mas não nos será lícito esquecer que nos achamos todos na hora de mais intensivamente compreender e mais servir.

CAPÍTULO 4
Impaciência

Sempre que se te faça possível, pede aos Céus te fortaleça com a paciência para que não se te dificulte o caminho para a frente.

*

A impaciência não te servirá em circunstância alguma. Ao invés disso, a precipitação te criará obstáculos de que não necessitas.

Se te aborreces por doença, seja em ti mesmo ou em pessoa querida, semelhante atitude apenas te agravará a situação, aumentando os tropeços em que, porventura, te encontres.

Se pretendes a obtenção de trabalho profissional, a impaciência te fará um candidato

PACIÊNCIA
IMPACIÊNCIA

indesejável aos olhos daqueles que te prometam auxílio.

Se isso te acontece por desacertos na intimidade familiar, nada conseguirás daqueles que mais amas senão inquietude e dificuldade em derredor de ti. Se almejas melhoria ou promoção no lugar em que estiveres, a impaciência se te erguerá por empecilho à realização dos desejos mais razoáveis e mais justos.

Se te revelas nesse tipo de intemperança mental, nessa ou naquela fila de pessoas que aspiram a adquirir qualquer recurso dos mais simples, talvez te transformes em motivação para a delinquência.

*

Em qualquer agitação exterior, mantém a serenidade necessária para que não destruas a formação do auxílio que já estará na direção do teu próprio endereço.

*

Nas horas atormentadas da vida, age com paciência e tolerância.

*

Chico Xavier
PELO ESPÍRITO EMMANUEL

A paz em ti será paz nos outros e todos nós, seja aqui ou além, necessitamos de paz, a fim de viver fazendo o melhor.

***

Sorri, ainda quando as dificuldades nos sitiem por todos os lados.

CAPÍTULO 5
A crise acontece

É um momento infalível na existência de cada um.

A pessoa, bastas vezes, se acredita realizada, por haver concretizado aspirações que lhe pareciam demasiado altas, entretanto, o teste espiritual de confiança aparece de improviso.

É o parente que fraquejou em obrigações assumidas, comprometendo a tranquilidade de todo o grupo familiar; a moléstia com gravidade imprevista; o afastamento de afeições das mais queridas ou a desencarnação de um ente amado...

Nessas ocorrências, surge o momento de exame em que as nossas aquisições da vida íntima se fazem avaliadas.

Chico Xavier
PELO ESPÍRITO EMMANUEL

Diante desses testemunhos, alguns companheiros se desmandam na revolta ou se acomodam com a rebeldia, fugindo habitualmente para aventuras infelizes, adquirindo débitos de resgate difícil. Outros, porém, usam a coragem e a serenidade e aceitam as tribulações que os procuram, nelas reconhecendo valiosos fatores que os impelem à própria renovação.

*

Quando te encontrares assim, numa hora grave e áspera, em que todas as vantagens que adquiriste no tempo te parecem arrastar para o sofrimento, não desesperes, nem desanimes.
Confia em Deus e segue para diante.

*

Se reconheces a força do amparo mútuo, auxilia aos companheiros em provação, tanto quanto puderes, a fim de que o apoio alheio não te esqueça no dia de tuas próprias dificuldades.
Ainda que os amigos de outro tempo não te reconheçam em teus dias de inquietação, Deus te vê, provendo-te de recursos, segundo as tuas necessidades.

PACIÊNCIA
A CRISE ACONTECE

*

Na atualidade terrestre, o homem se previne contra a carência de valores alimentícios, estocando gênero de primeira utilidade; defende as estradas, afastando o risco de acidentes ou promove a vacinação, frustrando o surto de epidemias. Pensando nisso, entendamos o imperativo de exercitarmos fortaleza e compreensão, paciência e solidariedade, porque, de modo geral, em todas as existências do mundo, surge o dia em que a crise acontece.

***

Usa a paciência e a tolerância.

Vive a própria vida e deixa que os outros vivam a existência que o Céu lhes concedeu.

CAPÍTULO 6
Oportunidades

As oportunidades são riquezas potenciais da alma no bojo do tempo.

Ei-las que nos procuram diariamente, chamando-nos através de situações e pessoas para que nos manifestemos na edificação do bem aos outros que resultará sempre em parcelas de felicidade em nosso favor.

Vigia-lhes a presença, a fim de aproveitá-las tanto quanto puderes.

O espírito da caridade nos pede semelhante atitude considerando-nos a tranquilidade própria.

Observa e verificaremos que os convites dessa natureza repontam incessantemente

PACIÊNCIA
OPORTUNIDADES

do caminho, embora nem sempre consigamos percebê-los.

*

É o irmão irritadiço que nos dirige determinada frase imprudente e infeliz, em momentos difíceis do trânsito, claramente aguardando a nossa doação de tolerância.

É o amigo em desvalimento, muitas vezes, abatido ou desesperado, esperando-nos a palavra tranquilizante ungida da simpatia e da solidariedade de que necessita, a fim de levantar-se em espírito.

É o familiar atribulado por obstáculos diversos de quem nos cabe aproximar com o socorro que se nos faça possível.

É a página balsamizante, fácil de estender aos companheiros de experiência, vítimas de reveses e ofensas, livrando-os desse ou daquele propósito de rebeldia ou vingança.

É a conversação amena e reconfortante, em casa ou na rua, com a qual inconscientemente afastamos alguém da queda no suicídio.

Chico Xavier
PELO ESPÍRITO EMMANUEL

É o auxílio discreto ao amigo de sentimento anuviado por empeços vários a que a carência de recursos bastas vezes conhecidas por nós, no Plano Físico, sugere-nos a entregar-lhe com bondade o apoio que esse mesmo companheiro em penúria não nos pediu.

*

Há sempre alguém naufragando no mar das dificuldades humanas.

Alonga o próprio olhar e identificarás as oportunidades de servir que se destacam à mostra.

Não esperes que o próximo te solicite cooperação. Colabora voluntariamente, na certeza de que estarás realizando valiosas sementeiras de trabalho e de amor, na construção do futuro melhor.

*

Oportunidades, aflições, lutas e provas!...

O tempo faz o desfile delas para que as reconheçamos.

*

Ergue-te, cada dia, faze o melhor ao teu alcance. Trabalha e serve.

PACIÊNCIA
OPORTUNIDADES

Hoje alguém nos deixa ver as tribulações que se lhe fazem precisas ao aprimoramento espiritual, de modo a que possamos doar por nós mesmos algo de útil.

Amanhã, porém, é possível seja para nós o dia da necessidade de receber.

***

Não te pese entregar a quem sofre a migalha do auxílio, da qual possas dispor, uma vez que a beneficência, perante a Bondade Eterna, é simples dever nosso, na jornada do bem para a união de todas as criaturas, na abastança sem fim.

CAPÍTULO 7
Caridade do pensamento

Sabemos todos que o pensamento é onda de vida criadora, emitindo forças e atraindo-as, segundo a natureza que lhe é própria.

Fácil entender, à vista disso, que nos movemos todos num oceano de energia mental.

*

Cada um de nós é um centro de princípios atuantes ou de irradiações que liberamos, conscientemente ou inconscientemente.

*

Sem dúvida, a palavra é o veículo natural que nos exprime as ideias e as intenções que

PACIÊNCIA
CARIDADE DO PENSAMENTO

nos caracterizem, mas o pensamento, em si, conquanto a força mental seja neutra qual ocorre à eletricidade, é o instrumento genuíno das vibrações benéficas ou negativas que lançamos de nós, sem a apreciação imediata dos outros.

Meditemos nisso, afastemos do campo íntimo qualquer expressão de ressentimento, mágoa, queixa, ou ciúme, modalidades do ódio, sempre suscetível de carrear a destruição.

*

Se tens fé em Deus, já sabes que o amor é a presença da luz que dissolve as trevas.

*

Cultivemos a caridade do pensamento.

*

Dá o que possas, em auxílio aos outros, no entanto, envolve de simpatia e compreensão tudo aquilo que dês.

*

No exercício da compaixão, que é a beneficência da alma, revisa o que sentes, o que desejas, o que acreditas e o que falas, efetuando a

Chico Xavier
PELO ESPÍRITO EMMANUEL

triagem dos propósitos mais ocultos que te inspirem, a fim de que se traduzam em bondade e entendimento, porque mais dia menos dia, as nossas manifestações mais íntimas se evidenciam ou se revelam, inelutavelmente, uma vez que tudo aquilo que colocarmos, no oceano da vida, para nós voltará.

CAPÍTULO 8
Suicídio e delinquência

Todo rio procede de uma nascente simples.

A maioria dos incêndios se alteia de alguma faísca.

Assim também sucede com o suicídio e a delinquência:

a reclamação demasiadamente repetida;

o grito inesperado, desarticulando o equilíbrio emocional de quem ouve;

o gesto de irritação; a frase de crítica;

a explosão de ciúme; o confronto infeliz;

a queixa exagerada;

Chico Xavier
PELO ESPÍRITO EMMANUEL

a exigência sem razão; a palavra de insulto; a resposta à base de zombaria; ou o compromisso desprezado...

Qualquer dessas manifestações, aparentemente sem importância, pode ser o início de lamentável perturbação, suscitando, por vezes, processos obsessivos nos quais a criatura cai na delinquência ou na agressão contra si mesma.

*

E o único remédio que conhecemos até agora contra semelhantes calamidades, a ser usado em favor das vítimas possíveis do suicídio ou em auxílio daqueles que o provocam, é a prática da compreensão e do amor, na embalagem da paciência.

***

Conserva a fé em Deus e em ti mesmo.

CAPÍTULO 9
Face trancada

Se tens o hábito de trancar a face, isso não te pode auxiliar positivamente, em ponto algum.

*

Se te sabes doente, o retrato da inconformação que estampas no rosto é motivo para distância do concurso fraterno.

*

Em família, se te fará desvantagem constante, dificultando-te o intercâmbio com os entes queridos.

*

No trabalho, criar-te-á isolamento.

*

Chico Xavier
PELO ESPÍRITO EMMANUEL

No campo social, te induzirá a perder excelentes oportunidades de receber o auxílio dos outros.

*

Na experiência comum, será motivo a que se te multipliquem empeços e incompreensões.

*

O semblante amarrado à irritação não traz benefício a ninguém.

*

Na chefia te colocará o nome na lista da intolerância e, na subalternidade, te obrigará a receber o título de companheiro-problema.

*

Se provações te marcam a existência, conserva a esperança que nos interliga uns com os outros, nas realizações comunitárias, e trabalha alegremente.

*

Se te propões realmente a colaborar na extinção dos ambientes contaminados de azedume e pessimismo, esquece-te no serviço aos outros e aprende a sorrir.

PACIÊNCIA
FACE TRANCADA

***

Os nossos associados e amigos de convivência difícil, são sempre aqueles credores do passado que o tempo nos devolve, a fim de cultivarmos com eles mais paciência e mais amor.

CAPÍTULO 10
Tolerância mútua

Referimo-nos, frequentemente, à necessidade de perdoar aos outros, acomodando-nos à situação de vítimas. Entretanto, é raro nos coloquemos na posição das criaturas que precisam da tolerância alheia.

E semelhantes situações nos aparecem vezes e vezes, quase sempre sem que nos apercebamos disso, conscientemente.

*

Isso acontece:

quando nos distraímos, a ponto de esquecer as próprias obrigações;

PACIÊNCIA
TOLERÂNCIA MÚTUA

quando largamos os encargos que assumimos, sem pensar que sobrecarregamos os ombros alheios;

quando estamos apreensivos ou tensos e arremetemo-nos sobre os que nos cercam quais se fossem culpados de nossas tribulações;

quando aderimos ao boato, prejudicando pessoas ou envenenando acontecimentos;

quando arremessamos as farpas vibratórias da crítica negativa sobre os nossos irmãos, às vezes, até mesmo sem lhes conhecer a intimidade;

quando nos rendemos às tentações do ciúme e do egoísmo;

ou quando estendemos queixas e lamentações, complicando os problemas do próximo.

*

Observando o assunto em sã consciência, conquanto nos reconheçamos nos domínios do óbvio, convém registrar que não somente necessitamos desculpar os outros, mas também precisamos ser perdoados, porquanto se hoje nos cabe doar o apoio da tolerância, a benefício

Chico Xavier
PELO ESPÍRITO EMMANUEL

daqueles que nos compartilham a vida, é possível que amanhã surja para nós a necessidade de receber.

***

Em toda e qualquer circunstância, conserva a consciência tranquila, porquanto, desse modo, a paz expressando alicerce, é uma luz que estará sempre dentro de ti.

CAPÍTULO 11
Indicações da paz

Provável não consigas ser feliz, de imediato, no entanto, não menosprezes a paz que, desde agora, pode usufruir.

*

Agitação e barulho talvez te cerquem, por todos os lados, entretanto, ainda assim, se o desejas, consegues ser a ilha da tranquilidade, onde possas recolher as mais nobres inspirações da Vida Superior.

*

Simplifica os próprios hábitos, a fim de liquidar as inquietações.

*

Chico Xavier
PELO ESPÍRITO EMMANUEL

Sem deixar as atividades que te competem, ama o lugar que a Divina Providência te concedeu para servir, sem ambicionar o degrau dos outros.

*

Recorda: toda criatura, neste mundo tem um recado a dizer.

*

Aprende a ouvir mais, para que tuas palavras alcancem os ouvidos alheios.

*

Abençoa o trabalho em que te encontras por mais apagado seja ele.

*

Aquilo que fazes é a notícia de tua presença.

*

Cada pessoa com a qual entres em contato é uma página do livro que estás escrevendo com a própria vida.

*

Não desejes regalias que te colocariam acima dos outros e se regalias te buscarem, sem que as solicites, recebe-as com discrição, espalhando

PACIÊNCIA
INDICAÇÕES DA PAZ

os benefícios que decorrem delas, em apoio dos que te cercam.

*

Age sem apego.

*

Colabora, quanto possível, no bem dos semelhantes, sem exigir remunerações.

*

Não reclames nos outros qualidades que ainda não possuis.

*

Concede aos companheiros o direito de não te estimarem, tanto quanto ainda não experimentas por todos eles o mesmo grau de afinidade e ternura.

*

Não olvides o treinamento de coragem e de bom ânimo, dos quais necessitarás nos momentos difíceis da vida.

*

Auxilia, com as disponibilidades ao teu alcance, em favor de todos os infelizes, reconhecendo que, um dia, é possível estejamos nós estagiando na mesma senda em que hoje transitam.

*

Ampara a Natureza, sem retirar dela mais que o necessário à tua própria subsistência, porque, perante a Eterna Sabedoria, todos estamos interligados, — as pedras e as flores, os animais e os homens, os anjos e os astros, — numa cadeia de amor infinito.

*

Em toda e qualquer circunstância, conserva a consciência tranquila, porquanto, desse modo, a paz expressando alicerce da felicidade, é uma luz que estará sempre dentro de ti.

***

Colabora, quanto possível, no bem dos semelhantes, sem exigir remunerações.

CAPÍTULO 12
Caridade e migalha

Em nome de Deus, o homem recebe a caridade das células que lhe formam o corpo; do berço que se lhe erige em estação de refazimento;

do colo materno a recolhê-lo por ninho santo;

da bênção paternal que o assiste; dos sentidos diversos que o ajudam

a orientar-se;

do lar que o asila;

da escola que o instrui; da terra que o sustenta;

do sol que lhe garante a visão e a energia;

Chico Xavier
PELO ESPÍRITO EMMANUEL

do ar que o nutre;

da planta que o protege;

da fonte que lhe socorre as necessidades;

do livro que lhe descerra horizontes de luz;

do amigo que o reconforta;

do trabalho que lhe assegura o progresso;

da oração que inspira;

do fio que lhe tece a vestimenta; do pão que lhe guarda a força;

do remédio que lhe preserva a saúde e das mil utilidades que lhe plasmam, a cada instante, a fortaleza e a coragem, a segurança e a alegria...

*

Dá-lhe o Senhor, para que não se sinta inútil, a ilusão construtiva do ouro em barra ou disco, de modo a que lhe não falte recurso aquisitivo, no culto à honestidade, mas, no fundo, todas as concessões do Céu, por inapreciáveis e generosas, não têm preço visível, porquanto todas elas nascem do perdão incansável e do amor sem limites.

*

PACIÊNCIA
CARIDADE E MIGALHA

Não te pese entregar a quem sofre a migalha do auxílio, da qual possas dispor, uma vez que a beneficência, perante a Bondade Eterna, é simples dever nosso, na jornada do bem para a união de todas as criaturas, na abastança sem fim.

***

Aceita o fracasso por base de recomeço.

CAPÍTULO 13
Oração por entendimento

Senhor Jesus!

Auxilia-nos a compreender mais, afim de que possamos servir melhor, já que, somente assim, as bênçãos que nos concedes podem fluir, através de nós, em nosso apoio e em favor de todos aqueles que nos compartilham a existência.

Induze-nos à prática do entendimento que nos fará observar os valores que, porventura, conquistamos, não na condição de propriedade nossa e sim por manancial de recursos que nos compete mobilizar no amparo de

PACIÊNCIA
ORAÇÃO POR ENTENDIMENTO

quantos ainda não obtiveram as vantagens que nos felicitam a vida.

E ajuda-nos, oh! Divino Mestre, a converter as oportunidades de tempo e trabalho com que nos honraste em serviço aos semelhantes, especialmente na doação de nós mesmos, naquilo que sejamos ou naquilo que possamos dispor, de maneira a sermos hoje melhores do que ontem, permanecendo em ti, tanto quanto permaneces em nós, agora e sempre.

Assim seja.

***

Resguarda-te em paz e segue demonstrando bondade para com todos.

CAPÍTULO 14
Aqueles

Usa a bondade para com todos os irmãos de experiência e caminho, no entanto, empenha-te a despender mais atenção para com todos aqueles que te pareçam menos compreensíveis.

*

É natural possuas na cúpula familiar parentes que amas e que te amam, porém, se aparece entre eles algum que te cause inquietações e prejuízos, esse é aquele credor de existências já transcorridas, a definir-se por teste constante da tua capacidade de tolerar e desculpar.

*

PACIÊNCIA
AQUELES

Justo retenhas filhos amados que se te aninham no coração, mas, se com o tempo, algum deles te surge excessivamente agressivo ou delinquente, esse é aquele companheiro que volve contigo do pretérito, a cobrar-te determinadas contas que deixaste a distância, na contabilidade dos dias.

*

Necessário contes com a colaboração de colegas corretos e leais, no grupo de trabalho de cujas atividades compartilhas, entretanto, se da equipe em ação algum se destaca, criando-te empeços e crises, esse é aquele irmão que procede de outras eras, do qual te afastaste na condição de devedor, que retomas agora, a fim de resgatar os débitos que com ele contraíste.

*

Razoável disponhas de muitos cooperadores em teu núcleo social, no entanto, se um deles se te mostra na roupagem mental de um adversário complicando-te os ideais e serviços, esse é aquele companheiro junto de quem assumiste

Chico Xavier
PELO ESPÍRITO EMMANUEL

certas obrigações que precisas liquidar, de modo a reconquistar-lhe o respeito e a simpatia.

*

Em suma: os nossos associados e amigos de convivência difícil são sempre aqueles credores do passado que o tempo nos devolve, a fim de cultivarmos com eles mais paciência e mais amor.

CAPÍTULO 15
Conquistando a paz

Existem tribulações e tribulações.

Para extinguir aquelas que conturbam a vida, comecemos a cooperar na construção da paz onde estivermos.

Necessitamos, porém, conhecer as farpas que entretecem as inquietações que nos predispõem ao desequilíbrio e ao sofrimento.

Vejamos algumas:

a queixa contra alguém; a reclamação agressiva;

o palavrão desatado pela cólera; a resposta infeliz;

Chico Xavier
PELO ESPÍRITO EMMANUEL

a frase de sarcasmo;

o conceito depreciativo;

o apontamento malicioso;

o gesto de azedume; a crítica destrutiva

o grito de desespero;

o pensamento de ódio;

a lamentação do ressentimento; a atitude violenta;

o riso escarninho; a fala da irritação;

o cochicho do boato;

o minuto de impaciência;

o parecer injusto;

a pancada verbal da condenação.

*

Cada espinho invisível a que nos reportamos é comparável à chispa capaz de atear o incêndio da discórdia.

E ganhar a discórdia não aproveita a pessoa alguma.

Tanto quanto possível, aceitemos as tribulações que a vida nos reserve e saibamos usar o amor e a tolerância, a paciência e o espírito de

PACIÊNCIA
CONQUISTANDO A PAZ

serviço para que estejamos realmente conquistando os valores e bênçãos da paz.

***

Não esperes que o próximo te solicite cooperação. Colabora voluntariamente, na certeza de que estarás realizando valiosas sementeiras de trabalho e de amor, na construção do futuro melhor.

CAPÍTULO 16
Segue em paz

Conquanto as agitações que assinalam o mundo, recorda que podes seguir o próprio caminho, conservando-te em paz.

*

Segue com seriedade e coragem, ao encontro dos deveres que te competem.

*

Renteando contigo, é possível escutes os impropérios dos inconformados. Adiante, talvez registres as reclamações dos que se entregam ao desespero.

E das margens da senda que a vida te compele a trilhar, surgem convites à perturbação, nascidos de muitos companheiros que se acolhem ao pessimismo e à descrença.

PACIÊNCIA
SEGUE EM PAZ

*

Resguarda-te em paz e segue demonstrando bondade para com todos.

*

Não existe ninguém sem um recado a transmitir

*

Pensando ou falando, comunica tranquilidade e segurança aos que te ouçam.

*

Não te sintas superior.
A estrada evolutiva é de todos.
Muitos te acompanham à retaguarda, no entanto, outros muitos te tomam a frente.

*

Permanece no lugar que te é próprio, agindo e servindo.

*

Zela com dedicação pelo bem daqueles que o Senhor te confiou, mas se, um dia, os entes amados se te afastarem do convívio, não te lastimes.

*

Chico Xavier
PELO ESPÍRITO EMMANUEL

Cada um de nós, em certas ocasiões da existência, é chamado a percorrer caminhos diferentes.

*

Não cultives apego demasiado. Serve amando e ama sem prender-te e sem prender os outros.

*

Auxilia aos semelhantes, tanto quanto puderes, para que não te falte o auxílio alheio, quando isso se te faça necessário.

*

E segue em paz na estrada que a vida te traçou, na certeza de que apesar de todas as inquietações a que nos submete, o mundo é Criação Divina, entregue ao serviço humano, e que, por dentro do próprio coração, trabalhando e servindo em paz, qualquer pessoa pode ser feliz.

***

Ergue-te, cada dia, faze o melhor ao teu alcance. Trabalha e serve.

CAPÍTULO 17
Para melhorar

Conserva a fé em Deus e em ti mesmo.

*

Age servindo.

*

Constrói o bem que se nos mostre ao alcance.

*

Recusa qualquer ideia de desânimo e trabalha sempre.

*

Aceita o fracasso por base de recomeço.

*

Admite os outros, tais quais são.

*

Chico Xavier
PELO ESPÍRITO EMMANUEL

Não exijas de alguém aquilo que esse alguém ainda não te pode dar.

*

Auxilia aos companheiros de experiência, tanto quanto puderes.

*

Hoje, é possível que esse ou aquele amigo necessite de ti, entretanto, amanhã, é provável sejamos nós os necessitados.

*

Não te aconselhes com a irritação, nem hospedes a tristeza que termina habitualmente no nevoeiro da inércia.

*

Respeita as ideias dos outros para que as tuas se façam respeitadas.

*

Sorri, ainda quando as dificuldades nos sitiem por todos os lados.

*

Esforça-te em descobrir o lado útil das situações e das pessoas.

*

PACIÊNCIA
PARA MELHORAR

Não guardes ressentimentos.

*

Não te queixes de ninguém, nem te lastimes.

*

Valoriza o tempo e não te concedas o luxo das horas vazias.

*

Enumera as bênçãos que o Senhor já te permite usufruir e serve sempre.

*

Usa a paciência e a tolerância.

*

Vive a própria vida e deixa que os outros vivam a existência que o Céu lhes concedeu.

*

E se nos dispusermos realmente a melhorar-nos e a melhorar o nosso próprio caminho, estejamos na certeza de que a Divina Providência nos fará sempre o melhor.

CAPÍTULO 18
No instante difícil

Quando a aflição te bata à porta, é natural te preocupes, no entanto, pensa igualmente naqueles que te rodeiam.
Todos eles te aguardam a coragem para que se lhes garanta a resistência.

*

Ninguém te pede a indiferença da estátua.
Roga-se-te a serenidade daquele que se dispõe a ser útil.

*

Quando a provação se te apresente nas características do inevitável, é que determinadas manifestações da Lei de Causa e Efeito estão em andamento, reclamando-nos adaptação à

PACIÊNCIA
NO INSTANTE DIFÍCIL

realidade que, por vezes, somente muito depois, reconheceremos como sendo aquilo de melhor que a vida nos podia oferecer.

*

Algum ente amado terá perdido a existência no Plano Físico, impondo-te espessa carga de saudades e lágrimas... Entretanto, é possível que, no futuro, venhas a considerar semelhante ocorrência à feição do resultado de uma portaria celeste, liberando a criatura que partiu de pesados sofrimentos que talvez lhe atingissem a paralisação dos movimentos ou o desequilíbrio das faculdades cerebrais.

*

Em vários episódios da experiência humana, certa pessoa querida ter-nos-á trocado a presença pela companhia de outra pessoa, esquecendo-nos, em muitas ocasiões, o carinho e o devotamento... É provável, no entanto, que, depois de algum tempo venhamos a saber que o acontecimento terá sido a resultante de inspirações do Mais Alto, porquanto, aprenderemos que se essa ou aquela pessoa houvesse permanecido compulsoriamente, ao nosso lado, talvez tivesse caído nas calamidades do homicídio ou do suicídio, já que não nos é dado conhecer o íntimo daqueles que nos compartilham a vida.

*

Em qualquer crise da existência, conserva a calma construtiva, uma vez que os nossos estados mentais são contagiosos e, asserenando os outros, estaremos especialmente agindo em auxílio a nós.

***

Ainda que os amigos de outro tempo não te reconheçam em teus dias de inquietação, Deus te vê, provendo-te de recursos, segundo as tuas necessidades.

CAPÍTULO 19

Perante Deus

Deus nos assegura a compreensão para que compreendamos os outros, amparando, tanto quanto possível, aos irmãos incompreendidos.

*

Deus nos concede possibilidades, um tanto maiores do que aquelas de que tenhamos necessidade, a fim de que possamos socorrer aos companheiros sem recursos.

*

Deus nos concede o privilégio de trabalhar, a fim de agir por nós mesmos e para que tenhamos a bênção de substituir aqueles que ainda não entendem a felicidade de trabalhar.

Chico Xavier
PELO ESPÍRITO EMMANUEL

*

Deus nos sustenta de pé, aguardando a nossa cooperação destinada a reerguer os irmãos caídos.

*

Deus nos revela as faltas, na certeza de que aprenderemos igualmente a perdoar as ofensas e os erros alheios.

*

E Deus não sai do silêncio para se promover, esperando que cada um de nós, frente uns aos outros, possa também fazer isso.

***

Confia em Deus e segue para diante.

CAPÍTULO 20
Ato de louvor

Pela bênção de trabalhar; Pelo dom de servir;

Pela fé que nos guarda; Pela crise que nos instrui; Pelo erro que nos descobre; Pela dor que nos corrige;

Pela esperança que nos alenta; Pela coragem que nos fortalece; Pela prova que nos define;

Pelo esforço de aceitar-nos; Pelo anseio de elevação; Pelo benefício do sofrimento; Pelo apoio dos amigos;

Pela observação dos adversários; Por todo o bem que nos envias; Por tudo o que nos permites aprender;

Chico Xavier
PELO ESPÍRITO EMMANUEL

E por todos os encargos que nos dás a cumprir...

Sê louvado, meu Deus!...

***

Inicia a jornada do serviço ao próximo, onde estiveres.

Age em favor de alguma criança sem proteção.

Estende, pelo menos, essa ou aquela migalha de apoio às mães desvalidas.

Sempre que se faça possível, pede aos Céus te fortaleça com a paciência para que não se te dificulte o caminho para a frente.

PACIÊNCIA				
EDIÇÃO	IMPRESSÃO	ANO	TIRAGEM	FORMATO
1	POD*	2021	POD	12,5x17,5
1	IPT**	2022	250	12,5x17,5
1	IPT	2022	100	12,5x17,5
1	IPT	2023	150	12,5x17,5
1	IPT	2023	250	12,5x17,5
1	IPT	2023	300	12,5x17,5
1	IPT	2023	150	12,5x17,5
1	IPT	2023	200	12,5x17,5
1	IPT	2023	250	12,5x17,5
1	10	2024	1.000	12,5x17,5
1	11	2024	1.000	12,5x17,5

*Impressão por demanda
**Impressão pequenas tiragens

O EVANGELHO NO LAR

Quando o ensinamento do Mestre vibra entre quatro paredes de um templo doméstico, os pequeninos sacrifícios tecem a felicidade comum.[1]

Quando entendemos a importância do estudo do Evangelho de Jesus, como diretriz ao aprimoramento moral, compreendemos que o primeiro local para esse estudo e vivência de seus ensinos é o próprio lar.

É no reduto doméstico, assim como fazia Jesus, no lar que o acolhia, a casa de Pedro, que as primeiras lições do Evangelho devem ser lidas, sentidas e vivenciadas.

O espírita compreende que sua missão no mundo principia no reduto doméstico, em sua casa, por meio do estudo do Evangelho de Jesus no Lar.

Então, como fazer?

Converse com todos que residem com você sobre a importância desse estudo, para que, em família, possam compreender melhor os ensinamentos cristãos, a partir de um momento de união fraterna, que se desenvolverá de maneira harmônica e respeitosa. Explique que as reflexões conjuntas acerca do Evangelho permitirão manter o ambiente da casa espiritualmente saneado, por meio de sentimentos e pensamentos elevados, favorecendo a presença e a influência de Mensageiros do Bem; explique, também, que esse momento facilitará, em sua residência, a recepção do amparo espiritual, já que auxilia na manutenção de elevado padrão vibratório no ambiente e em cada um que ali vive.

Convide sua família, quem mora com você, para participar. Se mora sozinho, defina para você esse momento precioso de estudo e reflexões. Lembre-se de que, espiritualmente, sempre estamos acompanhados.

Escolha, na semana, um dia e horário em que todos possam estar presentes.

O tempo médio para a realização do Evangelho no Lar costuma ser de trinta minutos.

---

[1] XAVIER, Francisco Cândido. *Luz no lar*. Por Espíritos diversos. 12. ed. 7. imp. Brasília: FEB, 2018. Cap. 1.

As crianças são bem-vindas e, se houver visitantes em casa, eles também podem ser convidados a participar. Se não forem espíritas, apenas explique a eles a finalidade e importância daquele momento.

O seguinte roteiro pode ser utilizado como sugestão:

1. Preparação: leitura de mensagem breve, sem comentários;
2. Início: prece simples e espontânea;
3. Leitura: *O evangelho segundo o espiritismo* (um ou dois itens, por estudo, desde o prefácio);
4. Comentários: breves, com a participação dos presentes, evidenciando o ensino moral aplicado às situações do dia a dia;
5. Vibrações: pela fraternidade, paz e pelo equilíbrio entre os povos; pelos governantes; pela vivência do Evangelho de Jesus em todos os lares; pelo próprio lar...
6. Pedidos: por amigos, parentes, pessoas que estão necessitando de ajuda...
7. Encerramento: prece simples, sincera, agradecendo a Deus, a Jesus, aos amigos espirituais.

As seguintes obras podem ser utilizadas nesse momento tão especial:

- *O evangelho segundo o espiritismo*, como obra básica;
- *Caminho, verdade e vida*; *Pão nosso*; *Vinha de luz*; *Fonte viva*; *Agenda cristã*.

Esse momento no lar não se trata de reunião mediúnica e, portanto, qualquer ideia advinda pela via da intuição deve permanecer como comentário geral, a ser dito de maneira simples, no momento oportuno.

No estudo do Evangelho de Jesus no Lar, a fé e a perseverança são diretrizes ao aprimoramento moral de todos os envolvidos.

FEB editora
Livro espírita para um novo mundo
www.febeditora.com.br
@febeditoraoficial
@febeditora

Conselho Editorial:
Carlos Roberto Campetti
Cirne Ferreira de Araújo
Evandro Noleto Bezerra
Geraldo Campetti Sobrinho – Coord. Editorial
Jorge Godinho Barreto Nery – Presidente
Maria de Lourdes Pereira de Oliveira
Miriam Lúcia Herrera Masotti Dusi

Produção Editorial:
Elizabete de Jesus Moreira

Revisão:
Elizabete de Jesus Moreira
Mirela Hakime Lírio

Capa e Projeto gráfico:
Evelyn Yuri Furuta

Projeto gráfico e Diagramação:
Thiago Pereira Campos

Foto de Capa:
Acervo FEB

Normalização Técnica:
Biblioteca de Obras Raras e Documentos Patrimoniais do Livro

Esta edição foi impressa pela Gráfica e Editora Qualytá Ltda., Brasília, DF, com tiragem de 1 mil exemplares, todos em formato fechado de 125x175 mm e com mancha de 92x138mm. Os papéis utilizados foram o Off white bulk 58 g/m² para o miolo e o Cartão 250 g/m² para a capa. O texto principal foi composto em Kepler Std Light 14/16,8 e os títulos em Kepler Std Light Italic 35/34. Impresso no Brasil. *Presita en Brazilo.*